El hueso de los días

CUARTEL

Colección premios de poesía

———————————————

Poetry Awards Collection

BARRACKS

Camilo Restrepo Monsalve

EL HUESO DE LOS DÍAS

La cultura
es de todos   Mincultura

SOLARIS
CORPORACIÓN

Nueva York Poetry Press®

Nueva York Poetry Press LLC
128 Madison Avenue, Oficina 2RN
New York, NY 10016, USA
Teléfono: +1(929)354-7778
nuevayork.poetrypress@gmail.com
www.nuevayorkpoetrypress.com

El hueso de los días
© 2020 Camilo Restrepo Monsalve

© Contraportada:
Sandra Uribe Pérez, Pedro Salvador Ale y Juan Carlos Olivas

ISBN-13: 978-1-950474-53-0

© Colección Cuartel vol. 1
(Homenaje a Clemencia Tariffa)

© Dirección:
Marisa Russo

© Concepto de colección y edición:
Francisco Trejo

© Diseño de portada:
Mónica Canto

© Diseño de interiores:
Moctezuma Rodríguez

© Fotografía:
Andrés Agudelo

Restrepo Monsalve, Camilo
El hueso de los días / Camilo Restrepo Monsalve. 1da edi-- New York: Nueva York Poetry Press, 2020, 102 pp., 5.06" x 7.81".

1.   Poesía colombiana. 2. Poesía latinoamericana.

Obra ganadora del V Premio Nacional de Poesía Tomás Vargas Osorio, convocado por la Corporación Solaris, apoyada por el Ministerio de Cultura, a través del Programa Nacional de Concertación, y el Instituto Municipal de Cultura y Turismo. El jurado estuvo integrado por Sandra Uribe Pérez (Colombia), Pedro Salvador Ale (Argentina-México) y Juan Carlos Olivas (Costa Rica).

TOMÁS VARGAS OSORIO

PREMIO NACIONAL DE

Poesía

V Premio Nacional de Poesía
Tomás Vargas Osorio 2020

Después de haber leído cada uno de los 8 trabajos seleccionados en la etapa final de revisión, entre los 162 poemarios que se presentaron al concurso, el jurado de la quinta edición del Premio Nacional de Poesía Tomás Vargas Osorio 2020, conformado por Pedro Salvador Ale (Argentina), Juan Carlos Olivas (Costa Rica) y Sandra Uribe Pérez (Colombia), dictamina lo siguiente:

El hueso de los días, firmado con el seudónimo Anatolio de Hita, es el poemario merecedor del Premio Nacional de Poesía Tomás Vargas Osorio, por los valores literarios que reúne; esto es, una proposición poética sostenida de principio a fin, rigor estético en la versificación, depuración del lenguaje y destilación de la voz, así como un sentido de unidad temática, cadencia y música esenciales en su construcción.

Se trata de un libro pleno de sugerencias y reflexiones que se inscribe dentro de la tradición de uno de los grandes temas de la poesía: el paso del tiempo. La voz del poeta nos hace recobrar la historia cotidiana, la preservación del tiempo y la gloria del deseo, y asume nuestra tradición literaria latinoamericana como el habla directa y coloquial de nuestros días.

De este modo, el autor, o la autora, crea una atmósfera en la que las palabras edifican ciudades, días y nostalgias que lanzan sus cuerdas al vacío para traer a la superficie alucinaciones que aluden a la infancia, a la lluvia que nos recuerda nuestro paso breve por la tierra y nuestra fragilidad, a esa intemperie donde las imágenes se crean y se destruyen en apariciones detrás de los claroscuros del alma, ahí precisamente, donde todo lo vivo sabe a sangre.

Menciones de honor y propuesta editorial

Debido a la calidad de contenido de los otros dos libros finalistas (*Los muertos del jardín*, presentado bajo el seudónimo Cuarto oscuro, y *Habría que decir algo sobre las palabras*, firmado por Quincha), el jurado sugiere otorgarles mención de honor y recomienda su publicación.

Los muertos del jardín se destaca por el dominio de lenguaje, temática y aliento poético sostenidos, por transmitir una atmósfera lúgubre y casi teatral, clásica de los blancos hospitales, y por llevarnos con imágenes a los umbrales de una desesperanza existencial. Se trata de la revelación de la desgarradura en un universo alucinado, febril y cargado de incertidumbre.

Es un libro que propone una orquestación poética y polifónica, a partir de la cual nos acerca a los recovecos oscuros de la muerte y su antecesora, la enfermedad. A través de sus poemas nos ambienta en un mundo en demolición, donde después de un alumbramiento doloroso los niños perversos juegan en el mundo de los ciegos. De esta manera, es fiel representante de una visión apocalíptica de nuestro tiempo.

Por otra parte, *Habría que decir algo sobre las palabras* se destaca por su ritmo en la poesía, su lirismo contemporáneo y su ironía ante la realidad. Constituye una propuesta novedosa por el interés que tiene el autor, o la autora, de sacar a la poesía de las márgenes del poema, por su obsesión con el lector y por el modo en que lo involucra para ponerlo a su servicio, a través de un juego de metáforas. En este sentido, es un guiño entre autor y lector, con el que pretende limpiar al mundo con palabras, hacer un rezo en lo alto de la montaña por la vida.

Finalmente, cabe decir que se trata de un libro en el que se disputa una transmutación entre la vida y la muerte, la añoranza del pasado a través del camino del hambre espiritual, donde la soledad —inútil trofeo—, cae sobre las casas despojadas de la eternidad.

Una vez que se dieron a conocer los títulos de los libros, los organizadores del concurso procedieron a abrir las plicas correspondientes, con los siguientes resultados:

El libro ganador

- *El hueso de los días*

Seudónimo: Anatolio de Hita

Nombre del autor: Eider Camilo Restrepo Monsalve

Libros con mención de honor que se recomiendan para publicación

- *Los muertos del jardín*

Seudónimo: Cuarto oscuro

Nombre de la autora: Fadir Delgado Acosta

- *Habría que decir algo sobre las palabras*

Seudónimo: Quincha

Nombre del autor: Juan Camilo Lee Penagos

Los organizadores del concurso aprecian, no sólo la cantidad, sino también la calidad de los libros presentados en el V Premio Nacional de Poesía Tomás Vargas Osorio 2020.

Hundo la mano en la arena y encuentro la vértebra perdida.
La extravío al instante. Sombra de marfil, desangrada.

Blanca Varela

[días como huesos]

MITO DE LA MANO

Cuando el primer hombre cerró la mano
lo hizo para ocultar su temblor

Al abrirla liberó
una parvada de cuervos
que anidaba entre sus líneas

Y sobre su palma cayó entonces
la primera gota

imagen del futuro desprendimiento

Al notar la vibración de los dedos
el desnudo animal
comprendió su diferencia con la roca

Aquello que se fugaba
era el tiempo

DESTERRADOS

Son los desterrados
del pequeño reino

Ebrios y descalzos
se aventuran por parajes
en que les ofrecen las espinas
de un árbol marchito
donde mueren de tristeza
los insectos

Son los exiliados
del pequeño paraíso

Frutos abiertos
que la tierra atrae
han perdido la sustancia
y su carne se ha secado

Ciegos se encaminan al vacío
sus raíces no abrazan ya la tierra

Vuelan como pájaros errantes
condenados a soñar
que volverán un día
a ocupar su jaula

EL HUESO DE LOS DÍAS

Hallar el frágil huesecillo de la estirpe al azar y perderlo.
BLANCA VARELA

Un choque de metales
despierta a los oficinistas en letargo
atrás de las vidrieras

-Las calles de cualquier ciudad
su sopor
las aceras suspendidas en el cenit-

Lanzamos las espadas de la duda
y lo oculto se revela
como un leve resplandor:

las palabras son el nervio
en la carne abierta

hueso de los días

DE PRONTO ESTÁ LA POESÍA

Y de pronto está la poesía

aparece como plaga
en el grano cribado

Claridad ensangrentada
que lo cubre todo

Agua que sacude los cimientos
pero no los disuelve

DÍAS COMO HUESOS

Lanzas tus monedas al aire
intentando arrebatar al orbe
las jornadas que has perdido

El cielo te devuelve
días como huesos

Apostar contra los dioses
fue tu pasatiempo

Nadie se atreverá a decir
que careciste de heroísmo

HILOS INCENDIADOS ROMPEN EL VIENTO

En tus hombros crecen
los pesados sueños
fardos que arrastró tu inocencia

Y adentro el olor de la muerte
sus perfumes insinuados
los aromas de un ejército
que claudica en tu seno:

caballos cansados
hombres heridos
flechas enemigas
volando como palomas de fuego

Ven a mirar estas imágenes
hilos incendiados rompen el viento

En ti
un lenguaje antiguo se resiste a la disolución
y la nostalgia lanza cuerdas al vacío
intentando atrapar
la calavera de los siglos

NACER

ser herido por el rayo
la primera vez

enfrentar el hierro de miradas
incrustándose en los huesos

manos que presagian
golpes infinitos

arrancados del estanque
somos arrojados al revés del cielo
y sus estacas

sin quererlo
acogemos el anzuelo
en nuestra lengua

ADOLESCENCIA

La maleza de los días
crece sobre el cuerpo
diluyendo el olor marino
de tu sexo de muchacho

Cada brote humilla a la infancia
que se extingue entre tus venas
trazando una cartografía
de alucinaciones

ciudades que se alzan en el pensamiento
heridas por el filo de los rayos
tumbas custodiadas por un ángel
que vigila los huesos de muertos amados
y tu dios ausente

astro contemplado en las noches de fiebre
cuando las palabras se tornaron piedra
y elevaste la oración de tu miedo
confiando en que romperías la sombra

CRECER

El canto de los relojes
es guijarro caliente
que te hiere los tímpanos

En tu tierra antigua
lenta maduraba el alba
sin que la reconocieras

Como a un fruto milagroso
ibas a su luz para morderla
y con la boca manchada de brillo
sonreías al futuro

Habitabas los jardines de un reino
vedado para la muerte

LLUVIA

Misterio fugaz
del movimiento

Saliva de los ángeles
cayendo sobre la tierra

Quien hoy ve la lluvia
mañana no tendrá
un solo indicio
que pruebe que asistió
a su milagro

Como la lluvia
nuestro breve paso

LADRONES DEL FUEGO

No trajimos luz a este mundo
ya estaba el resplandor cuando vinimos

Ángel de mármol
sobre el techo de las catedrales
refulgía el sol espinoso
encima de las calles

Tal vez la nada
sea eterna penumbra

y vengamos a este lado
solo para hurtar el fuego

ESPEJOS

No sé qué más decir
acerca de los espejos

sobre las galaxias que esconden
en sus vientres traslúcidos

o sobre intrusos que merodean en la niebla
y nos roban la cara y los gestos

solo sé que no son ventanas
y que se parecen más a la palabra:

nos dejan morder cuerpos sin carne
sustancia fantasmal del sueño

y abrazar a los hombres transparentes
que tal vez somos

ya no sé si vivo aquí o del otro lado
tengo la certeza de no ser Alicia

pero como ella padezco
un presidio de arena fundida

límite de la locura
territorio del delirio

como roca caigo
al fondo de la poza

AQUÍ Y AHORA

Los años
se vuelven heridas
y nos pesan
laceran la carne
labran un surco
para el nuevo sufrimiento

El polvo de los días
se acumula en nuestra espalda

¿Cuánto podrá un hombre
cargar sobre sí tanta arena
sin ser al fin sepultado?

[huesos del sueño]

PARIR

Entro en las estancias del sueño
y el niño me salta en el revés del pecho
abriéndolo con uñas negras

Escapado de su celda
enrolla el cordón en mi garganta
y me asfixia

Después de su respiro primigenio
bautiza mi sien con saliva
y arranca el lazo vital
rasgándome el vientre

Lo veo lavarse con mi sangre
y huir dibujando signos en la sombra

Es entonces cuando duermo para despertar
y los vidrios de mi ventana
amanecen rotos

ÁCIDA ESTACIÓN

Expones tu cuerpo a la intemperie
aunque lo destruya la herrumbre
El viento de la tarde lo corroe
con su vaho ácido

La estación siembra gusanos en tus huesos
los sientes arrastrarse por la médula

Un disco dentado te divide las pupilas
y a través de la abertura
oyes la risa de dios

Nada puedes hacer
ante la sinfonía de tu disolución
Las fieras te acorralan
con ojos incendiados

Has roto la cuerda
que te separaba del abismo

No podrán salvarte
los amados rostros
que tatuaste en tu iris
como un conjuro

RESUCITAR

No temas al sol que revienta tu cráneo
deja que a tus cuencas
las invadan las hormigas

Tu rostro calcinado se llenará de flores
y la ceniza derramada
mostrará la ruta del misterio

Las imágenes te coronarán
como al famoso muerto
pero tu cruz será
un tronco que retoña

Sabes el final de la historia
deja que el martillo cumpla su destino
No desistas
apenas serán tres noches
para reposar en el huevo vacío

En la tercera mañana
volverán tus dedos
a arañar el mundo

LA MAÑANA CAE POR SU PROPIO PESO

La mañana cae por su propio peso
cuerpo ejecutado al borde de la fosa

Los pájaros
beben el rocío empozado en su clavícula
y mueren
se transforman en llagas
en el bosque de su pecho

A filo de navaja
los bebés dibujan en los árboles
su amor amputado
lloran por un siglo de carencias
cuando apenas han vivido un año

Uno
alza la cara y aparece la luna
Otro
mueve su lengua y esculpe las nubes

Y en este ejercicio de forjar el tiempo
hacen que florezca todo
a la vez que lo destruyen

Los insectos comen
de la hostia de su carne
se alimentan con sus dedos
huérfanos de mano

MALOS AUGURIOS

Piensas en los días
en que un pulso definía la suerte
y el dolor de cúbitos partidos
impregnaba en tu carne la victoria

Entonces las ciudades
caían como animales domesticados
y el coro de vencidos te cantaba

Hoy que los jardines
duermen en los calendarios
y el tiempo es una masa que fermenta
buscas el retorno a la fuente remota

Se aproximan las estrellas de poniente
Aves vienen a desovar sobre ti
embriones podridos

Antes traspasabas los límites del universo
pero en vez de efigies
el cielo te ofrendó
astros mortecinos

El sol cae como punto de luz
en el abismo de tu memoria

TAROT

Desde la altura contemplas
el caer de la nieve
que congela tus huesos
La tarde te adorna
con flores de hielo
cosiéndote a la carne
un dolor desconocido

Tus pies
son el extremo de la cuerda
amarrada al tronco
péndulo suspendido
sobre tu propia sombra

Y mientras el peso
te constriñe la garganta
descubres que la espada libertaria
es la mano que trenzó los nudos

Solo esperas a que el viento
riegue tu semilla
sobre los hierbajos

tal vez una lejana primavera
tu silueta vuelva a andar
entre los vivos

CONTEMPLACIÓN DEL AGUA

¿Cuánto ha pasado
desde que miramos el primer reloj?

¿Cuántos siglos, casas derrumbadas
sueños imposibles se han abierto
tras el rito de aquel hombre primitivo
que se decidió a cerrar los ojos y pensar?

Tal vez a esta hora
el mar se agite lejos de mi casa
y las plazas sigan convirtiéndose en abismos
mientras hundo el fémur en el agua
intentando destruir mi reflejo

Es como si otro
uno que habitara en las profundidades
luciera la máscara de mi gemelo
para burlarse de mí

¿Algo o alguien
tocará mi espalda?

VISIÓN DEL ÁNGEL

Allá abajo, a la puerta, llama un ángel con dedos de cristal

GEORG TRAKL

¿A quién llamar
cuando un ángel nos revela su rostro
velado por la gasa del sueño?

Los ojos se expanden
abrazan la sombra
y desde las ramas que forma la sangre
el hielo del invierno antiguo
se desprende

Aterrorizados observamos su descenso
hasta que su aliento nos consume
como un espiritual incendio
antes de que el día
nos lastime con su daga
y las bestias terrenales
profanen las estancias

CLAROSCURO

Mira las mentiras de la luz
descifra sus siluetas

Las formas se dibujan en tu iris
y trascienden la caverna
de este cielo licuado

Mira las mentiras de la sombra
su esqueleto ineludible

Huesos esparcidos por la realidad
polvo oscuro en las mesas de la muerte

Todo es aparición
Afuera se celebra un banquete
al que tú no fuiste convidado

CONSTELACIONES

una mano
riega las estrellas
en el cielo

y con hilos de silencio
las sostiene

podríamos decir lo obvio:
que se trata de dios
pero él no tiene tiempo
para esas cosas

todos sabemos
que prefiere dormir
mientras nosotros
quemamos el paraíso

FIESTA

Recuerdo tu ojo
sediento de formas
en los prados del sueño

la avidez de tu pecho
en la oquedad de la hierba
y el humo ascendente
por las paredes de la noche
apenas abierta
como fruta suicida

Allí
en el arroyo
susurraban criaturas
ajenas al entendimiento
extrañas a la costumbre
de la materia forjada
en la crueldad del día

Era una melancolía recién nacida
en el nido de nuestros cuerpos

Venid a mí, decías
y ofrecías tu magra carne al frío
ignorando aquel astro desconocido
que incendiaba tu vientre

y lo volvía lámpara votiva
para el dios de mi siglo

lenta maduración de la dicha
tiempo derramado como flores

¿OYES LADRAR A LOS PERROS?

Un grito cruza
los predios de la noche

¿Acaso eres tú
renacido en la estación
que abandonaron los trenes?

Música sin peso de tus pasos
en el rumbo perdido

cascarón vacío
que deambula por los cuartos
para lamer el polvo
de viejos retratos

aire podrido
que inflama los órganos

¿Oyes como ladran
a tu llegada los perros?

[odas y canciones]

ODA AL HUESO SACRO

Crecen jazmines en tu hueso sacro

Sus grietas se llenan de polen
que se esparce tras de ti
A tu espalda brota la vida
llenándolo todo

Pero no logras percibir su brillo
a tus ojos los visitan los fantasmas
perros espectrales
que procuran distraerte

Y mientras adoras a la muerte
en tu sacro se acumula
polvo de los astros

Son luciérnagas en fuga
titilar que se burla de nosotros

CANCIÓN DE LA HORA
EN QUE TODO ASCIENDE

Es la hora en que todo asciende

El aire escala
los peldaños del esternón
para emprender la huida

Las plantas revientan el suelo
e imponen su belleza a los espejos
Míranos, dicen
desafiando a la plaga y al dolor

Y con piedras atadas al tobillo
contemplas esta desnudez del mundo
asfixia de todo lo visible

Las palabras mutiladas por tu canto
te otorgaron un destino terrenal

ODA AL HUESO COXAL

Cóncava
la piedra se ofrece
cuenco de placer y salvación

Las serpientes ascienden por sus cavernas
profanando los espacios ocultos
cavidades que resguardan
el veneno más dulce

Ancho coxal
tu boca fue labrada
por capricho de los dioses
vida y muerte
descienden de tu seno

Ocultas el perdido Excálibur
al desprender la espada de tu carne
estalla el universo

CANCIÓN DE AMOR EN CUARENTENA

A S.

Enésima alba
Se abren los sepulcros
Los restos adorados han desaparecido
Un pueblo huella la planicie
Bombas caen desde los aviones
Huesecillos de la mano
teclean los nombres
Viajan caracteres
por la fibra óptica
Cables en el fondo
y tú tan lejos

Y esta lluvia que no cesa
Y este virus
Y los hombres que fabrican el dinero

Ya ni sabemos a qué hora se incendió el cielo
Solo hay fuego y más fuego
Frío fuego cayendo con las gotas
Y tú tan lejos

El dolor de días sin ti
se incrusta como bala
en las vértebras lumbares

ODA AL HUESO HÚMERO

Poderoso húmero
rama que partió los mares
hueso cubierto
por la carne más fuerte
ante ti se postran
la piedra y los metales

En tu polvo habitan bestias
de remotas edades
que descienden a las manos
para que podamos empuñar
las armas más letales

Tierno húmero que abrazas
con la misma furia que derribas la atalaya
clavas la azada para alumbrar el surco

Por tus dádivas erigimos el mundo
roca sobre roca
templos junto a casas

Hemos de adorar por siempre
el don de tu energía

CANCIÓN DE ODIO

A S.

Afuera el frío
adentro de ti
la antorcha enjaulada
resplandor que se congela
al tocar la carne
tu piel es velo
que recubre la prisión

Cada bocanada
el veneno que destilas
graznido de la muerte
cada exhalación

Que nadie vigile tu sueño
en el silbido de tu pecho
es la mentira quien aúlla

[huesos de la voz]

CONVERSACIONES

La voz es mancha de aceite
que permanece en la superficie de los otros

> *¿Cuándo su presencia corpórea?*
> *¿Dónde su Talón de Aquiles?*

Y entre la capa tornasolada del sonido
la conversación se teje

> *¿Cuál su huesecillo de alegría?*
> *¿Dónde el punto sacro?*

No te aferres a las palabras
son puñados de hierba
que la ignición transforma en humo
pequeñas ciudades
arrasadas por el fuego
y condenadas al olvido
de sus propios dioses

PRONUNCIAR LOS NOMBRES AMADOS

Solo sus nombres
esos que al decirse
pulverizan la voz

Palabras que inauguran la dicha

Pronunciarlos
como quien derriba un muro
con los labios

como quien bautiza
una grieta

POÉTICA

a la voz le falta
un motivo
para sublevarse

una rama
que la turbe
con su sombra
una honda
que la cruce
con su piedra

bastará una gota
de inocencia en la mirada
y las cosas clamarán
por nuevos nombres

bastará una aguja
incrustada en la garganta
y resurgirán las imágenes
para transformar el mundo
con su lengua creadora

EL CANTO TRUNCO

no poder
con la piedra caliente del mundo
atravesada en la garganta
escribir el poema
o la carta
que diga sobre nosotros
lo sabido

la trompeta de cobre
que nos raja el pecho
con su grito
la palabra vuelta espino
tallo de rosa
que nos rasga el cuello
y le da un sabor a sangre
a todo lo vivido

volcados en nosotros mismos
esperamos como perros
que mastican sus garras
para no destrozar el fragmento de nada
que es lo único propio

no poder decirse
como si en el camino

hubiéramos olvidado
la palabra y el sentido
como si los cantos
fueran crematorios
que nos abrasaran
con un fuego antiguo
para consumirnos
en su ira

no poder decir lo que hemos sido
porque nada fuimos
y es la única certeza

VOCES

atacan la vigilia
con chillar de cadenas

son el agua oscura
que bebemos
y la sed acaba

pero el espanto
no cede

y si detrás del sonido
se dibujara un rostro
¿quién pondría en su sitio
al espejo y la estrella?
¿quién se haría luz
para alumbrar
nuestros huesos?

toma la fe que te queda
y arrójala contra los muros
como un puñado de polvo

los perros lamerán
la sangre de tus ídolos

bajo las ruedas
del carro de tu odio
crujirán semillas

y con la harina de tu ira
heñiremos el pan
que nutrirá el tedio

te oigo gemir adentro
malvado nonato

tu piel revienta
para alumbrar entre las venas
un árbol

como un intruso
usurpaste mi vientre

y desde entonces las palabras
no son mías
y mi voz
un montículo de sal

callas cuando todos ríen
hieres con filo de estrella
siembras cardos en los músculos

un erizo en las arterias
tu vagido me desgarra

hablas sílabas de fuego
letras acribilladas

metales en la sangre
son tus palabras

ejército de astillas
creciendo sobre la noche

son tus voces llamas

increpan a los muertos
que desde dentro me comen

voces de tu muerte
beben leche de rayo

se levantan contra ti
en la penumbra

brotan flores
en tu labio

te destruyen
con huesos eléctricos

voces en los ojos crecen
como nubes de humo

en sus bordes permanecen

son los frutos descompuestos
que se niegan a caer

voces en el agua en que te miras

vibran como cuerdas
de un laúd quebrado
que se hunde lento
en el lago de tu miedo

ACERCA DEL AUTOR

Camilo Restrepo Monsalve (Medellín, Colombia, 1987). Poeta y licenciado en Pedagogía Infantil. Miembro fundador del colectivo Nuevas Voces, donde coordina la línea editorial. Autor de *El espacio que me habita* (Mención de honor en el I Premio de Poesía Joven de Medellín, 2011), *Felonías, Las rutas de la sangre* (Premio PP Cultura Medellín, 2016) y *El hueso de los días* (Premio Nacional de Poesía Tomás Vargas Osorio 2020), y de las antologías *Luz sin estribos: 35 poetas colombianos/35 poetas cubanos nacidos a partir de 1980* (Nuevas Voces Editores, 2019) y *Niños que juegan entre los escombros: 16 poetas colombianos de la actualidad,* que será publicada en 2021, en Santiago de Chile, bajo el sello Andesgraund Ediciones. Poemas suyos han sido publicados en diferentes medios impresos y digitales de Colombia, Chile, México, Francia, Honduras, Venezuela, entre otros. Ha participado en encuentros de poesía en Colombia, Argentina y Cuba. Poemas suyos han sido traducidos al inglés, italiano y francés, y publicados en diferentes antologías. Actualmente es director de *Telúrica: revista semestral de poesía* del colectivo Nuevas Voces.

Índice

El hueso de los días

[días como huesos]

[huesos del sueño]

.

[odas y canciones]

[huesos de la voz]

Colección
CUARTEL
Premios de poesía
(Homenaje a Clemencia Tariffa)

1
El hueso de los días.
Camilo Restrepo Monsalve
-
V Premio Nacional de Poesía
Tomás Vargas Osorio

***

Colección
VIVO FUEGO
Poesía esencial
(Homenaje a Concha Urquiza)

1
Ecuatorial / Equatorial
Vicente Huidobro

Colección
PIEDRA DE LA LOCURA
Antologías personales
(Homenaje a Alejandra Pizarnik)

Para los que piensan, como
Octavio Paz, que "la poesía es la
perpetua tensión del poeta hacia
un absoluto del lenguaje", este
libro se terminó de imprimir en
septiembre de 2020 en los
Estados Unidos de América.

.